Texte de Nadine Descheneaux et Pierre Labrie

À la plage !

Illustrations d'Éric Péladeau

ANDARA

Nadine et Pierre : À Hubert et Adèle, parce qu'avec vous la vie est une super aventure. To all the staff of «The Corsair & Cross Rip Oceanfront Family Resort» in Cape cod, because your world is a wonderful place to create characters and stories.

Éric : Au Taquin mauve et à la Tornade rose. Merci de m'avoir invité à participer à ce super délire ! 4 Super, à l'action !

Catalogage avant publication de Bibliothèque et Archives nationales du Québec et Bibliothèque et Archives Canada

Descheneaux, Nadine, 1977-

 À la plage !

 (Les 4 Super)
 Pour enfants de 4 ans et plus.

 ISBN 978-2-924146-28-6

 I. Labrie, Pierre, 1972-   . II. Péladeau, Éric. III. Titre.

PS8607.E757C4 2012   jC843'.6 C2012-941118-3
PS9607.E757C4 2012

Texte : Nadine Descheneaux et Pierre Labrie
Illustrations et conception graphique : Éric Péladeau

Gouvernement du Québec — Programme de crédit d'impôt pour l'édition de livres — Gestion SODEC

Andara éditeur inc. remercie la SODEC pour l'aide accordée à son programme éditorial.

Dépôt légal - Bibliothèque et Archives nationales du Québec, 2e trimestre 2013

Imprimé au Canada

Les 4 Super sont trop chanceux.
Aujourd'hui, ils passent la journée à la plage avec tous les
amis de la garderie des **Amis Extraordinaires**.
Du sable, du soleil et beaucoup de plaisir en vue !

À la plage, tout le monde s'amuse. C'est un tout nouvel univers
à explorer et à découvrir pour **les 4 Super**.
Quand, tout à coup, on entend un message spécial à l'interphone...

Oyé ! Oyé !

Êtes-vous prêts pour
la fabuleuse chasse au trésor ?
Formez votre équipe et venez nous
rejoindre près de la grande tour.
On vous remettra un drapeau
de couleur et une carte
au trésor. Départ dans
cinq minutes.

Toutes les équipes
sont prêtes.
Les voici !

Le Perroquet
Le Homard
Le Pirate
Charmante Calamité

La Dent
La Comète
La Souris
La Tortue

Petite Fleur
La Goutte
Le Cowboy
Princesse Amitié

Super Bisou
Super Dino
Super Super
Super Génie

Chaque équipe reçoit une carte avec des indices pour se rendre jusqu'au trésor. Rapidement, **les 4 Super** se dirigent vers leur caverne secrète pour bien étudier la carte avant de partir.

« J'apporte quelques super trucs avec moi ! Ça peut toujours servir ! » dit **Super Génie**.

« Allons-y, j'ai tellement hâte ! » s'exclame **Super Bisou**.

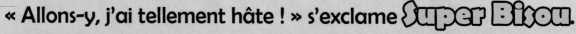

C'est alors que **Super Génie** sort un bidule extraordinaire de son sac à dos.

« C'est ton méga ruban ultra collant pour chaudières percées ? » demande **Super Bisou**.

« Exact ! Avec ça, notre sculpture aura vraiment l'air d'une baleine ! » répond **Super Génie**.

Super ! On passe à la prochaine étape !

9

« **Ohhhhhh nonnnnn !** Qui a touché à notre carte ? Regardez ! », s'écrie **Super Super** en colère.

Je suis sûr que c'est une mouette !

Je suis sûr que c'est plus méchant qu'une mouette !

Je suis sûr que c'est **un Pas Gentil** !

Hum ! Hum ! Je crois qu'en plus d'avoir une course au trésor, on devra enquêter sur la présence d'**un Pas Gentil** à la plage.

Super, à l'action !

Comme dernière épreuve, chaque équipe doit creuser pour trouver une étoile de la couleur de son équipe.

Après les chaudières percées, les cartes brisées et
les coquillages perdus, voilà que les étoiles sont introuvables.
Comme les coquillages... Ni **les Bleus**, ni **les Jaunes**,
ni **les Verts** n'ont réussi à les dénicher.

RECHERCHÉ

LE PERROQUET

RECHERCHÉ

LE PIRATE

RECHERCHÉ

LE HOMARD

RECHERCHÉ

CHARMANTE
CALAMITÉ

15

« Peut-être que c'est **Le Homard** ? » suggère **Super Dino**.

« Non, regarde-le ! Il prend même le temps de se faire bronzer ! Ce n'est pas lui qui veut absolument gagner ! » dit **Super Super**.

« **Charmante Calamité**, alors ? » dit **Super Génie**.

« Je ne pense pas... même si elle a l'air louche ! » répond **Super Super**.

« Alors, qui ? » pleurniche **Super Bisou**.

SOURIEZ!

GAGNER!

GAGNER!

GAGNER!

Entendez-vous ?

Les 4 Super se laissent guider par ce son et se retrouvent au pied du grand palmier, nez à bec avec **Le Perroquet** le fidèle acolyte du **Pirate**.

« As-tu nos étoiles et nos coquillages ? » demande **Super Super**.

Youpi ! Toutes les équipes ont réussi !

La grosse voix dans le haut-parleur annonce la fin de la course.

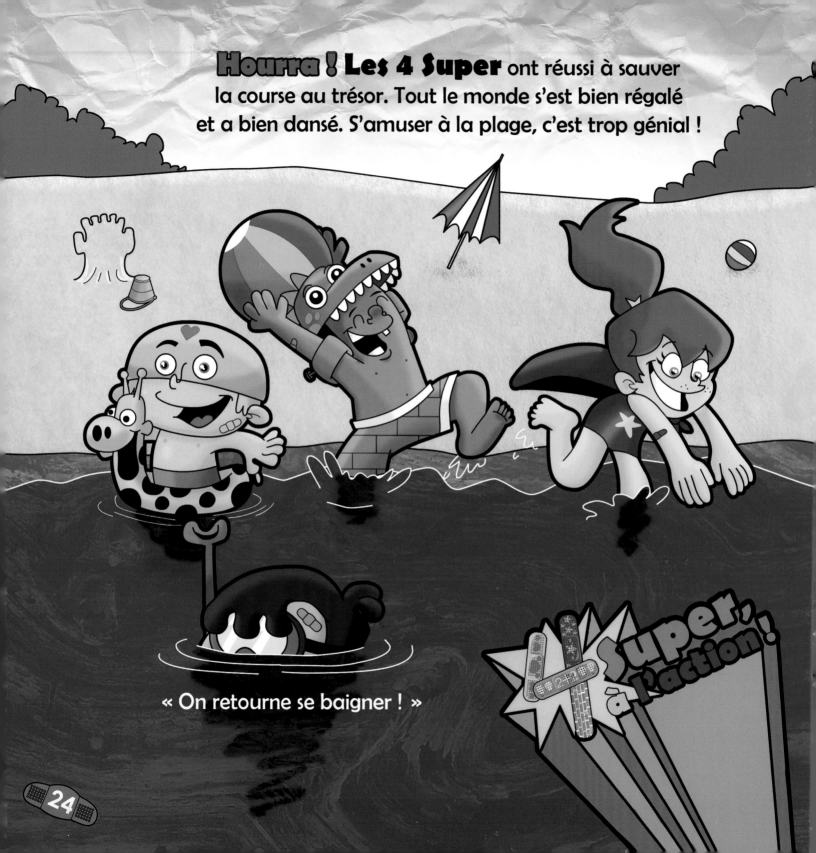

Hourra ! **Les 4 Super** ont réussi à sauver la course au trésor. Tout le monde s'est bien régalé et a bien dansé. S'amuser à la plage, c'est trop génial !

« On retourne se baigner ! »

Super, à l'action !

24